# BEI GRIN MACHT SICH IHR WISSEN BEZAHLT

- Wir veröffentlichen Ihre Hausarbeit,
  Bachelor- und Masterarbeit

- Ihr eigenes eBook und Buch -
  weltweit in allen wichtigen Shops

- Verdienen Sie an jedem Verkauf

## Jetzt bei www.GRIN.com hochladen und kostenlos publizieren

# Technische Grundlagen der Cloud-Technologie

## Betriebswirtschaftliche Aspekte Cloud Computing

**Bibliografische Information der Deutschen Nationalbibliothek:**

Die Deutsche Nationalbibliothek verzeichnet diese Publikation in der Deutschen Nationalbibliografie; detaillierte bibliografische Daten sind im Internet über http://dnb.d-nb.de abrufbar.

ISBN: 9783346390165
Dieses Buch ist auch als E-Book erhältlich.

© GRIN Publishing GmbH
Nymphenburger Straße 86
80636 München

Druck und Bindung: Books on Demand GmbH, Norderstedt Germany
Gedruckt auf säurefreiem Papier aus verantwortungsvollen Quellen

Das Buch bei GRIN: https://www.grin.com/document/1006461

# FOM – Fachhochschule für Oekonomie & Management Duisburg

## Berufsbegleitender Studiengang Wirtschaftsinformatik

### 4. Semester

## Hausarbeit im Fach: IT-Infrastruktur

**Thema:**    Technische Grundlagen der Cloud-Technologie

**Datum:**    16.07.2017

# Inhaltsverzeichnis

# 1. Einleitung

Das Thema Cloud Computing ist in der heutigen Zeit ein sehr populäres Thema, bei dem es für Unternehmen und Privatnutzer eine immer größer werdende Bedeutung zukommt. Doch was ist Cloud Computing überhaupt? Was bringt es einem Unternehmen und dem Anwender? Und welche Risiken birgt es mit sich?

Dies bezüglich soll zunächst auf den Begriff des Cloud-Computings und seine Definitionsproblematik näher eingegangen werden. Anschließend werden die verschiedenen Ebenen von Cloud Services näher betrachtet, bevor dann die Vor- und Nachteile von Cloud Computing aus Unternehmens- und Anwendersicht aufgezeigt werden. Um das Thema abzurunden und transparenter zu machen, wird danach noch auf die Anbieter und Beispiele von Cloud Services eingegangen.

Das Ziel dieser Arbeit besteht darin die Vor- und Nachteile der Cloud-Techniken aus Sicht der einsetzenden Unternehmen und der Nutzer hervorzuheben. Darauf aufbauend soll herausgefunden werden, ob der Einsatz der Cloud-Techniken für Unternehmen sinnvoll ist. Der nun folgende Gliederungspunkt umfasst die nähere Erläuterung des Begriffs Cloud-Computing.

## 1.1. Wie wird Cloud-Computing definiert?

Die Informationstechnologie unterliegt den Einflüssen einer rasant und vielfältig wachsenden Umwelt. Es kommt immer wieder zu Neuerungen in diesem Gebiet, welches neue Herausforderungen bringen. Cloud-Computing ist eines dieser Systeme.

Das National Institute of Standards in den USA hat eine globale Definition von Cloud-Computing bereitgestellt. Sowohl der deutsche BSI (Bundesamt für Sicherheit in der Informationstechnik) als auch die ENISA (European Network and Information Security Agency) verwenden diese Definition als Grundlage für ihre Verwendung einer Cloud. Im Wesentlichen besteht eine Cloud also aus der Zusammensetzung von verschiedenen Technologien. Diese Erläuterung beschreibt Cloud-Computing als ein Modell, um auf eine einfache Art und Weise geteilte Ressourcen von Computern zu nutzen. Dabei werden verschiedene Speicher, Anwendungen, Servicedienste oder auch Netzwerke genutzt.

Diese Ressourcen können schnell angefordert, genutzt und freigeben werden.[1] Angelehnt an diese Definition wird im Cloud-Computing auf vorhandene IT-Technologie zurückgegriffen, um unterschiedliche Produkte oder Diene zur Nutzung anbieten zu können. Die wesentliche Basis stellt hierfür das Internet zur Verfügung. Die verschiedenen Produkte und Dienste werden über diesen Kanal vertrieben und genutzt.

Nachfolgend werden essentielle Technologien aufgelistet, welche üblich für Cloud Systeme genutzt oder benötigt werden:

- Verschiedene Dienste und Produkte werden über den Internetbrowser aufgerufen.
- Schnelle Datenübertragung für den Datenverkehr vom Kunden und Anbieter mittels Breitband-Internetsind notwendig.
- Servertechnologie, die die Verarbeitung von Daten in Echtzeit ermöglicht.
- Hardwareressourcen werden mittels Virtualisierungssoftware an die Anwender verteilt.
- Nutzung des Responsive-Designs damit ein System auf allen Endgeräten funktioniert und an jedem beliebigen Ort genutzt werden kann.

## 1.2. Definition Grid -Computing

Cloud-Computing hat seine Technologien aus dem Grid-Computing übernommen. Was aber ist Grid-Computing genau? Es ist eine Technologie die auf Basis von Standardisierung, Abstraktion von Hardware und Automatisierung besteht. Grid Comuputing wurde 1997 erfunden und ist eine Art von Verteilten Rechner, die durch mehrere Rechner zu einem virtuellen Supercomputer wird. Ein Grid arbeitet mit verschieden Schnittstellen und Protokollen, um über das Internet Ressourcen wie Rechnerleistung oder Speicher zu koordinieren. Ziel mittels dieses Aufbaus ist es Probleme zu lösen, die durch beschränkte Rechnerstärke von lokalen Systemen nicht lösbar sind.

Beim Grid werden durch automatisierte Schnittstellen Rechenaufgaben auf die verschiedenen Ressourcen im System verteilt. Durch die genutzten Standards ist es

---

[1] Vgl. T. Kärgel, A. Nähring, A. Steil, S. Zielenski IaaS mit OpenStack: Cloud Computing in der Praxis, Ausgabe 2014, S. 3

möglich, auf die unterschiedlichen Ressourcen im Netzwerk zu zugreifen, diese zu überwachen, reservieren und als ein virtuelles System zu betreiben.

Durch die Nutzung der Grid-Technologie gibt es für die IT verschiedene Möglichkeiten um unterschiedliche Anforderungen von Unternehmen zu erfüllen. Dadurch sind Unternehmen flexibler und können ihre Kosten reduzieren durch eine effizientere Netzwerkumgebung, die Ressourcen besser nutzt und automatisiert. [2]

## 1.3. Cloud-Computing basiert auf Grid

Die Cloud-Systeme die heute genutzt werden haben sich die modernen Technologien des Grid-Systems Zunutze gemacht. Die Grid Basisstruktur liefert ein Konstrukt für hochskalierbare Netzwerkarchitekturen, die abstrahiert als virtuelle IT-Services zur Verfügung stehen und ständig eingesetzt werden können. Auch die Möglichkeit Rechen-, Speicher- und Netzwerkressourcen je nach Bedarf anzupassen wird auch für die Cloud Grundlage übernommen.

Die gemeinsame, effektive Nutzung von Ressourcen über das Internet haben sich somit vom im Grid-Computing auf das Cloud-Computing-Modell übertragen. Beide Systeme bieten somit die Möglichkeit einer besseren Ressourcenverarbeitung, Automatisierung, Standardisierung. Dieser Nutzen spiegelt sich dadurch auch Monetär wider, da durch solche effizienteren Unternehmenssysteme Kostenersparnisse sicher erzielt werden.

Grid Computing war durch sein flexibles und effizientes System die Grundlegende Inspiration zur Entwicklung der heutigen Cloud-Techniken.[3]

## 1.4. Unterschiede von Grid- und Cloud-Lösungen

Grid- und Cloud-Lösungen haben viele gemeinsame Ansätze die es ermöglichen Geschäftsprozesse effektiver zu gestallten. Aber so unterschiedlich wie die Namen sind muss es auch Unterschiede zwischen den beiden Systemen geben. Aber worin unterscheiden sich diese Systeme genau?

---

[2] Vgl. Bitkom, Cloud Computing – Evolution in der Technik, Revolution im Business, Ausgabe 2009, S. 69
[3] Vgl. Bitkom, Cloud Computing – Evolution in der Technik, Revolution im Business, Ausgabe 2009, S. 69-70

Diese Frage soll durch die nachfolgende Auflistung beantwortet werden:[4]

- **Anzahl der Endanwender**: Die Anzahl der Endanwender von Web-Anwendungen auf Basis der Cloud-Technologien ist höher als die Grundlegende Anzahl an Endanwendern in einem Grid-System.
- **Unterschiedlicher Ausgangspunkt**: Bei einer Cloud steht der ökonomische Faktor im Fokus, um nur dann und dafür zu zahlen was zurzeit benötigt wird. Im Gegensatz dazu liegt der Fokus beim Grid auf die freie und effiziente Nutzung gemeinsamer Ressourcen in einem Netzwerk.
- **Gemeinsames Ziel mit unterschieden**: Beide Systeme haben gemeinsam, dass es sich bei der Hauptaufgabe um die effiziente Verteilung von Ressourcen über eine Netzwerkinfrastruktur handelt. Beim Cloud-System werden Ressourcen aber nur on-demand, also dann, wenn die Ressourcen benötigt sind zur Verfügung gestellt. Beim Grid ist es das Ziel mit verteilten Rechnern gemeinsam aufwändige Softwareanwendungen und Geschäftsprozesse zu bewältigen. Mit den im Nachhinein entwickelten Cloud-Techniken sollten die Defizite im Grid Konzept bereinigt werden.

## 1.5. Datensicherheit und Datenschutz in der Cloud

In diesem Kapitel soll das wichtige Thema Datenschutz und Datensicherheit erläutert werden. Dazu werden diese Begriffe als erstes Definiert und danach wird der Grundsatz für den Datenschutz für Cloud-Systeme vorgestellt. Datensicherheit definiert wiederum den Schutz der Daten vor Löschung, Beschädigung oder Verfälschung durch dritte.

## 1.6. Was ist Datensicherheit?

Die Aufgabe der Datensicherheit ist der Schutz von Daten vor Löschung, Beschädigung oder Verfälschung. Dafür muss die genutzte IT-Infrastruktur stets auf den Stand der aktuellen Technik gebracht werden. Durch eine Optimale Soft- und Hardwareumgebung soll damit der Schutz von Unternehmensdaten und personenbezogenen Daten sichergestellt sein.

---

[4] Vgl. Bitkom, Cloud Computing – Evolution in der Technik, Revolution im Business, Ausgabe 2009, Seite 70

## 1.7. Was ist Datenschutz?

Der Datenschutz wird in Deutschland unteranderem im BDSG (Bundes Datenschutz Gesetz) geregelt. Ziel des Datenschutzes ist der Schutz von personenbezogenem Daten vor missbräuchlicher Verwendung. Mit personenbezogenen Daten sind alle Daten von natürlichen Personen gemeint, sowohl von Kunden als auch von Mitarbeitern.

## 1.8. Cloud-Computing und EU-Datenschutz

Es ist empfehlenswert für Cloud-Systeme im geschäftlichen Segment einen Provider zu wählen, welcher in der Europäischen Union tätig ist. Die EU hat die Richtlinie 95/46/EG zum Schutz personenbezogener Daten beim freien Datenverkehr als Mindeststandard eingeführt. Diese Richtlinie legt unteranderem fest, dass jede Übermittlung von persönlichen Daten die vorherige Einverständniserklärung des Betroffenen benötigt. Zusätzlich ist auch festgelegt worden, dass Auftragsdaten nur im Europäischen Wirtschaftsraum verarbeitet werden dürfen.[5]

## 2. Technische Grundlagen des Cloud-Computing

Im 2. Kapitel wird das Hauptthema der Hausarbeit vorgestellt. Dabei werden die wichtigsten technischen Hintergründe einer Cloud erläutert. Jeder Bereich in diesem Kapitel wird zunächst Definiert und dann mit einem Vergleich der einzelnen Vor- und Nachteile abgeschlossen. Eine Cloud wird aus verschiedenen Basismodellen zusammengesetzt. Je nach Einsatzwunsch und Anwendungszweck werden verschiedene Strukturen der Cloud-Technologie mit einander kombiniert. Dabei werden hier die drei gängigsten Service- und Liefermodelle von Cloud-Systemen vorgestellt.

## 2.1. Vorstellung der Servicemodelle

Nun werden die wichtigsten Servicemodelle beim Cloud-Computing erläutert. Dabei werden zwischen drei gängigen Schichtmodellen unterschieden, welche nachfolgend erläutert werden. Jede Schicht stellt ein Abbild einer Cloud dar und liefert unterschiedliche Typen von Cloud-Systemen.

---

[5] Vgl. Kornel Terplan, Christian Voigt, Cloud Computing, Ausgabe 2011, S. 190

## 2.1.1. Platform as a Service (PaaS)

Bei Platform as a Service (PaaS) handelt es sich um einen Cloud-Dienst, bei dem der Anwender über den jeweiligen Cloud-Provider eine Entwicklungsumgebung bereitgestellt bekommt. Dieser Dienst betreut jede Phase des Software-Lebenszyklus einer Webanwendung von der Design-Phase bis hin zur Inbetriebnahme.

Mit diesem Cloud-Dienst und den darin zur Verfügung gestellten Schnittstellen können Anwendungsentwicklern über die Cloud eine ganze Infrastruktur mit Software, Datenbanken und Middleware angeboten werden.

Die Vorteile dieses Dienstes werden in der folgenden Aufzählung erläutert: [6]

- **Geringer Administrationsaufwand**: Auf dem Markt werden in der Regel voll gewartete und eingerichtete Komponenten angeboten. Deshalb sparen die Entwickler am Installations- und Einrichtungsaufwand. Die Updates der PaaS-Systeme laufen vollautomatisch im Hintergrund und werden vom Cloud-Provider übernommen. So können sich Entwickler vollkommen darauf konzentrieren eigene Anwendungen zu entwickeln.

- **Automatische Skalierung**: Bei Webseiten tritt oft der Fall auf, dass diese Aufgrund von fehlender Kapazität an Ressourcen wie Speicher ausfallen, da z.B. zu viele Kunden zur selben Zeit einen Webdienst in Anspruch nehmen möchten. Durch PaaS-Dienste wird dieses Problem gelöst. Die Rechenleistungen werden bei PaaS über die sogenannte Wolke von verschiedenen Servern in Sekunden schnelle bezogen.

- **Genaue Abrechnung**: Jeder Kunde zahlt bei der PaaS-Dienstleistung nur für die tatsächlich verbrauchten Ressourcen. Wenn eine Anwendung wenige Ressourcen nutzt, wird auch wenig gezahlt. Bei aufwändigeren Anwendungen, kostet der Dienst dementsprechend mehr.

Praktische Beispiele auf dem Markt für PaaS-Dienste sind:

- App Engine von Google
- Microsoft Windows Azure ☐ force.com von Salesforce.

---

[6] Vgl. C. Metzger, T. Reitz, J. Villar, CLOUD COMPUTING, Ausgabe 2011, S. 21

## 2.1.2. Software as a Service (SaaS)

Software as a Serivce ist eine Form von Cloud-Computing, bei dem Software als Service gesehen wird. Dieses Konzept entstand durch die stärker werdende Integration des Internets, welches sich auf das private und unternehmerische Leben auswirkte. Bei SaaS handelt es sich um ein Konzept bei dem die Kunden On-Demand nutzen. Das bedeutet, dass Benutzer über leistungsfähige Netzwerke direkten Zugriff auf Geschäftsanwendungen bekommen. Mit diesem Konzept muss die benötigte Software nicht lokal installiert werden, sondern kann auf die Cloud ausgelagert werden. Auf die benötigte Software wird mittels eines Browsers oder einer GUI (Graphical User Interface) zurückgegriffen.[7]

Folgende Auflistung wird nun die Vorteile dieses Dienstes verdeutlichen:

- **Entlastung der IT**: Die eigene IT-Abteilung wird durch die Auslagerung von Systemen und Wartungsarbeiten entlastet und können sich stets auf andere Aufgaben konzentrieren.
- **Agile Nutzung:** SaaS Lösungen lassen sich einfach und agil auf die Kundenwünsche anpassen. Der Kunde erhält je gebrauch Ressourcen zur Verfügung zur Verfügung gestellt und kann diese auch wieder reduzieren.
- **Kosten und Leistung sind Flexibel**: Bei diesem Dienst Zahlen Kunden nur für die benötigte Ressourcen. Dabei wird für jeden Kunden ein individuelles Angebot erstellt, wobei jeder nur für das Zahlt, was er verbraucht. Die Kosten steigen und sinken je nach genutzten Systemressourcen, wie z.B. Speicher oder auch die benötigte Anzahl an Usern. Der Dienst passt somit jedem Kunden effizient an.

Im Rahmen der weltweiten Globalisierung wurde dieses Modell oft genutzt und wurde unteranderem über folgende Dienste angeboten:

- SAP Business by Design on Demand
- Oralce CRM On-Demand
- Netsuite ERP
- Salesforce.com Sales Cloud 2 oder Serivce Cloud 2

---

[7] Vgl. K. Terplan, C. Voigt, Cloud Computing, Ausgabe 2011, S. 26

## 2.1.3. Infrastructure-as-a-Service

Das Servicemodell Infrastructure-as-a-Service (IaaS) ist eine Technik des Cloud-Computing bei dem für die Kunden bedarfsabhängig virtuelle Infrastruktur Ressourcen durch IT-Dienstleister zur Verfügung gestellt werden. Der Kunde kann sich z.b. Rechenleistung, Speicher, Server, Netzwerkkapazität und viele weitere Komponenten zu Nutzen machen. Das Angebot des IaaS-Modelles umfasst somit komplette Netzwerke und deren Komponenten, zusätzlich werden individuelle Plattformlandschaften geschaffen, auf denen virtuelle Maschinen laufen können. Dadurch wird dem Kunden ein komplettes Netzwerk bzw. Rechenzentrum bereitgestellt.[8]

Aufgrund dieser Definition des IaaS-Modelles können folgende Vorteile abgeleitet werden:

- **Effiziente Nutzung von Ressourcen**: Kunden werden bei diesem Modell über Cloud-Provider stets auf die aktuellste Technologie zurückgreifen können. Die teure Anschaffung der Hardware bleibt dem Kunden somit erspart. Dadurch spart der Kunde an Zeit, Kosten und Komplexität.
- **Einfache Skalierbarkeit**: Die benötigte Rechenleistung kann stets flexibel je nach benötigten Anforderungen angepasst werden.
- **Entlastung der IT**: Die eigene IT-Abteilung wird durch die Auslagerung von Systemen und Wartungsarbeiten entlastet und können sich stets auf andere Aufgaben konzentrieren. Aber auch der Betrieb und die Instandhaltung werden vom Cloud-Provider verantwortet.

Unteranderem bieten folgende Dienstleister IaaS-Modelle an:

- IBM
- Microsoft
- Hewlett Packard

---

[8] Vgl. K. Terplan, C. Voigt, Cloud Computing, Ausgabe 2011, S. 25

## 2.2.Vorstellung der Cloud-Arten

Man unterscheidet in der Regel zwischen drei verschiedenen Cloud-Arten bzw. Cloud Liefermodellen, wovon jedes auf seine eigene Art sehr nützlich sein kann. Jedes dieser Liefermodelle wird nachfolgt erläutert. Die einzelnen Servicemodelle die im vorherigen Kapitel vorgestellt worden sind, werden durch diese Liefermodelle an den Kunden ausgeliefert.

### 2.2.1. Private Cloud

Bei der Nutzung einer Private Cloud betreibt eine Organisation sein Rechenzentrum und seine IT-Dienste selbst. Dabei werden die genutzten Ressourcen nur für die eigenen Mitarbeiter und nicht für die Allgemeinheit zugänglich gemacht. Dies wird aus Gründen von Datenschutz, Datensicherheit und IT-Sicherheit von vielen Unternehmen genutzt.

### 2.2.2. Public Cloud

Bei der Public Cloud handelt es sich um eine Cloud Art, bei der angebotene Dienste von Providern entweder gegen Bezahlung oder kostenlos für die Allgemeinheit bereitgestellt werden. Ressourcen und Daten können damit von Ort und Zeit unabhängig über das Internet bezogen werden.

### 2.2.3. Hybrid Cloud

Bei der Methode Hybrid Cloud werden die zwei Techniken Public Cloud und Privat Cloud miteinander kombiniert genutzt. Damit sollen die Vorteile beider Techniken in einem System genutzt werden. Unternehmen nutzen dabei z.B. ihre eigene Private Cloud und zusätzlich werden externe Angebote von Cloud-Providern genutzt. Durch den Einsatz von Public Clouds wird die Erweiterbarkeit und Skalierbarkeit von Private Clouds verbessert. Im Bedarfsfall können somit die einzelnen Ressourcen eines Systems flexibel angepasst werden. Diese beiden Cloud Arten miteinander zu verbinden bringt aber auch Herausforderungen mit sich. Es ist sehr wichtig IT-Systeme, auf der Anwendungs-, der Plattform und Infrastrukturebene in Bezug auf die Bereiche Sicherheit, Monitoring,

Service und Verrechnung so bereitzustellen, dass solch ein komplexes System für die Endanwender einfach zu verstehen und zu nutzen ist.[9]

## 2.3. Verfügbarkeit, Service Level Agreements und Performanz

Neben den bereits erwähnten Techniken spielt auch die Qualität eines Cloud-Systems eine entscheidende Rolle, damit Cloud-Computing von den Kunden als nützliche Alternative für ihre eigenen Prozesse im Markt akzeptiert wird. Dabei spielen die technischen Faktoren Performanz und Verfügbarkeit eine sehr wichtige Rolle die immer Fokus stehen. Diese Faktoren werden in der Regel zwischen den Dienstleister und den Kunden besprochen und in einem Service Level Agreements (SLA) festgehalten. In der IT beschreit Performanz, die Eigenschaft bestimmte zeitliche Anforderungen von Kunden mittels verschiedener Komponenten stets zu erfüllen. Die Performanz von Systemen hängt dabei unteranderem mit der Skalierbarkeit von Anwendungen in der Zusammenarbeit mit Serverkomponenten zusammen. Dabei werden Anwendungen in vertikal und horizontal skalierende Anwendungen aufgeteilt.

Anwendungen die vertikal skalieren benötigen für höhere Rechenlasten stärkere und schnellere Prozessoren in einer Serverinfrastruktur. Um Anwendungen performanter laufen zu lassen werden einfach bessere Rechner mit mehr Speicher oder CPU integriert. In Private Clouds lässt sich diese Methode ohne großen Aufwand einbinden. Bei der Methode horizontales skalieren werden wiederum zur Leistungssteigerung eines Systems weitere Server zur Anwendungsarchitektur hinzugefügt. Das Einführen von zusätzlichem Speicher oder Prozessoren für laufende Instanz sind hier nicht möglich. Beispielsweise arbeiten Public Clouds in der Regel mit dieser Methode. horizontale Skalierungen. Die Skalierbarkeit der Rechenleistung ist aber nicht ein alleinstehender Faktor zur Erhaltung der Serviceverfügbarkeit.

Es gibt weitere Komponenten im System die nicht außer Acht gelassen werden dürfen. Es müssen sowohl kritische Software oder Hardware in einem Rechenzentrum aber auch die Verfügbarkeit des Internets stets gewährleistet sein. [10]

---

[9] Vgl. K. Terplan, C. Voigt, Cloud Computing, Ausgabe 2011, S. 40

[10] Vgl. Bitkom, Cloud Computing – Evolution in der Technik, Revolution im Business, Ausgabe 2009, S. 41-42

## 3. Betriebswirtschaftliche Aspekte Cloud Computing

Die Frage für wenn sich wann und wo ein Cloud-System lohnen wird, kann pauschal nicht beantwortet werden. Hierzu müssten die Anforderungen und das Vorhaben einzelner Organisation unteranderem sehr genau in Kombination mit den Bereichen Prozessmanagement, Ressourcenplanung oder Workflows ermittelt werden. Zusätzlich sollten einige Fragen diesbezüglich als Entscheidungshilfe dienen ob sich eine Cloud Lösung für eine Organisation lohnt.

Wichtige Fragen die beantwortet werden müssten sind unteranderem:

- Welchen Nutzen habe ich durch eine Cloud?
- Welche Kosten entstehen dadurch?
- Sind Sicherheitsmaßnahmen durch die Cloud gedeckt?

Um den Nutzen von Cloud-Systemen auf betriebswirtschaftlicher Sicht dar zustellen werden zwei fiktive Fallbeispiele herangezogen und nachfolgend in diesem Kapitel dargestellt.

### 3.1. Fallbeispiel 1: Private Arbeitsagentur und Office aus der Cloud

Die private Arbeitsagentur Musteragentur mit Sitz in Düsseldorf setzt seine Mitarbeiter in ganz Deutschland ein, da der Kundenstamm bundesweit gestreut ist. Das Unternehmen beschäftigt weniger als ein Dutzend Mitarbeiter. Mit der Zeit entwickelten die Mitarbeiter den Wunsch auf flexiblere Arbeitsprozesse. Das Ziel war es Aufgaben unabhängig von Ort und Zeit auch außerhalb des Hauptsitzes im Büro zu erledigen.

Auf der Suche nach einer möglichen Lösung ist der Geschäftsführer auf die Cloud Office Muster GmbH aufmerksam geworden. Der Dienstleister hat sich darauf spezialisiert Arbeitsplätze mittels Cloud-Systemen zu virtualisieren. Die private Arbeitsagentur Musteragentur hat sich dazu entschieden den Service des Dienstleisters wahrzunehmen. Alle genutzten Anwendungen der Arbeitsagentur wurden hierfür auf die Public Cloud ausgelagert. Sowohl Daten von Mitarbeitern bzw. Kunden als auch Arbeitsabläufe werden aber intern beibehalten.

Um diese Dienstleistung zu nutzen mussten die Mitarbeiter nur einen Installations-assistenten ausführen - und konnten noch am selben Tag ihre E-Mail, Word und Tabellenkalkulation online betreiben. Das Ziel war erreicht und die Mitarbeiter wurden glücklich gestimmt. Jeder konnte nun die Arbeit erledigen, wann und wo sie wollten; die Anwesenheit im Büro vor Ort in Düsseldorf war nicht mehr nötig. Auch der Geschäftsführer war nach einer Controlling-Rechnung zusätzlich positiv gestimmt, da die Cloud Lösung günstiger als der Betrieb einer eigenen Serverinfrastruktur ist.[11]

### 3.2. Fallbeispiel 2: Holzspielzeug Hersteller senkt Kosten durch die Nutzung einer Private Cloud

Max Spielhausen ist Geschäftsführer einer auf Kinderspielzeug spezialisierten Firma mit Sitz in Duisburg. Das Unternehmen wurde im Jahr 2006 gegründet und nun hat seine Unternehmung expandiert. Nicht nur in Deutschland, sondern auch in anderen Ländern der EU steht seine Firma für Innovation in der Spielzeugindustrie. Durch die motivierte Arbeit der europaweit agierenden Mitarbeiter hat das Unternehmen im Geschäftsjahr 2014/2015 einen Umsatz von einer halben Milliarde Euro umgesetzt.

Die gesamte Infrastruktur des Unternehmens wurde mit dem Wachstum natürlich immer komplexer. Um einen reibungslosen Ablauf und einer effizienten Kommunikation zwischen den einzelnen Abteilungen zu gewährleisten stieg die Mitarbeiterzahl über die Jahre auf 2500 Mitarbeiter an. Dadurch stieg natürlich auch der Aufwand um die eigene IT-Landschaft zu managen und das, obwohl nur auf die nötigsten Komponenten und Anwendungen eingesetzt werden. Mit steigendem Aufwand, stiegen natürlich die Größe der eigenen IT-Abteilung an und somit auch die Kosten für Max Spielhausen.

Damit Max Spielhausen sich auf sein eigenes Hauptgeschäft fokussieren kann und die Kosten der teuren IT-Abteilung gesenkt werden kann wollte er seine gesamte Infrastruktur effizienter gestalten. Das Ziel war es ein sensibles Daten, Prozesse und Komponenten intern zu behalten und die Verwaltung eines notwendigen Rechenzeters an einen externen Dienstleister zu übertragen. Im Rahmen dieser Ziele hat das Unternehmen einen Namenhaften Dienstleister beauftragt, diese Wünsche des Geschäftsführers zu realisieren.

---

[11] Vgl. Bundesministerium für Wirtschaft und Technologie, Cloud-Computing – Leidfaden für mittelständige Unternehmen, Ausgabe November 2011, S. 4

Der Dienstleister hat für den Geschäftsführer eine Privat-Cloud-Lösung vorbereitet. Dies bedeutete genau, dass Anwendungen wie das Kundenbeziehungsmanagement, E-Mail und die Bürosoftware nicht mehr intern von der eigenen IT über verschiedene Server betrieben werden. Diese Aufgaben wurden auf das Rechenzentrum des Dienstleisters übertragen, wo sie in einer Private Cloud verwaltet werden. Den Umstieg in die Cloud bemerkten die eigenen Mitarbeiter außerhalb der IT nicht, der Umstieg verlief ohne Probleme.

Den Geschäftsführer hatte diese Lösung begeistert. Durch die Nutzung eines Cloud Systems konnten die jährlichen Kosten pro Mitarbeiter somit um über 20% gesenkt werden. Die IT-Abteilung brauchte nach der Migration der neuen IT-Infrastruktur nur noch drei Mitarbeiterkapazitäten um den Hauseigenen IT-Aufwand optimal zu steuern. Die Umstellung auf die neue IT-Infrastruktur wurde binnen weniger Wochen durchgeführt.

Um den Geschäftsführer des Spielzeugunternehmens auch für die Zukunft abzusichern wurde ein ausführlicher Vertrag mit dem Dienstleister abgemacht. In dem Vertrag wurden wichtige Inhalte wie die Regelungen für Datenschutz, Datensicherheit und Verfügbarkeit des Cloud-Systems festgehalten.[12]

## 4. Fazit und Aussichten

Im letzten Kapitel dieser Hausarbeit sollen Chance und Risiken von Cloud-Techniken verdeutlicht werden. Dazu werden zunächst die gesammelten Vor- und Nachteile zusammengefasst und die gesamte Hausarbeit mit einem Fazit zu diesem Thema abgerundet werden.

## 4.1. Vorteile von Cloud-Techniken

- **Kosten der eigenen Infrastruktur sind gering**: Durch die Reduzierung der eigenen IT-Infrastruktur werden Kosten zur Wartung der Systeme stark reduziert. Dieser Prozess wird in der Regel komplett vom Dienstleister übernommen.

---

[12] Vgl. Bundesministerium für Wirtschaft und Technologie, Cloud-Computing – Leidfaden für mittelständige Unternehmen, Ausgabe November 2011, S. 3-4

- **Arbeitsplatz mit niedrigen Kosten**: Durch die Nutzung der Cloud-Technologie brauch ein Mitarbeiter keinen leistungsfähigen Arbeitsplatzrechner. Viel Speicher oder z.b. eine hohe CPU-Leistung sind nicht mehr notwendig, da die benötigten Anwendungen auf eine Cloud ausgelagert worden sind. Die Anwendungen werden bequem einen Internetbrowser aufgerufen.

- **Entlastung des eigenen Systems**: Da benötigte Anwendungen und Prozesse auf die Cloud ausgelagert werden, wird das lokale System von Anwendern entlastet. Das heißt wiederum, dass Unternehmen keine teuren Rechenmaschinen finanzieren müssen. Dies bietet vor allem Unternehmen einen großen Vorteil, welche Saisonbedingt mit unterschiedlich hohen Auslastungen rechnen müssen.

- **Unbegrenzte Ressourcen**: Im Gegensatz zu einem eigenen Rechenzentrum dessen Rechenleistung oder Speicher begrenzt ist, sind die Ressourcen in der Cloud so gut wie unbegrenzt. Die benötigten Systemressourcen werden somit je nach Bedarf automatisch angepasst.

- **Hohe Datensicherheit**: Datenverluste sind durch Cloud-Systeme in der Regel ausgeschlossen. Dienstleister garantieren in der SLA stets eine hohe Datensicherheit und dazu werden die Daten von Unternehmen natürlich redundant gesichert.

- **Agiles Arbeiten durch mobile Systeme**: Dadurch, dass Anwendungen und Daten auf eine Cloud ausgelagert werden, kann aus jedem Ort und zu jeder Zeit darauf zugegriffen werden. Die einzige Bedingung dafür ist eine Internetverbindung.

- **Zugriff auf aktuelle Software Versionen**: Webbasierte Software wird immer auf den aktuellsten Stand gehalten. Updates können auf die Minute genau aktiviert und genutzt werden.

## 4.2. Nachteile von Cloud Techniken

- **Von Cloud-Dienstleister abhängig**: Durch die Nutzung eines Cloud-Dienstes machen sich Unternehmen von jeweiligen Dienstleistern abhängig. Das Umsetzen der lokalen Infrastruktur, Anwendungen oder Prozesse in eine Cloud stellen keine Probleme dar. Die eigentlichen Probleme würden auftreten, wenn diese Schritte rückgängig gemacht werden sollen. Eine weitere Möglichkeit wäre, dass der Dienstleister bspw. Insolvent geht und von heute auf Morgen in relativ kurzer Zeit seinen Service stoppt. Dies könnte ein großes Problem für ein Unternehmen werden, so mal meistens unternehmenskritische Daten in diese Prozesse integriert sind.

- **Datenschutz und Datensicherheit**: Daten werden außerhalb des eigenen Unternehmens gespeichert. Die Auswahl des richtigen Providers ist sehr wichtig. Es ist möglich, das gewählte Cloud-Dienstleister sogar solche Daten im Ausland sichern. Dies könnte zu Datensicherheitsproblemen führen. Deswegen sollte die Wahl eines Providers gut durchdacht und präzise gewählt sein.

- **Internetzugriff ist Pflicht**: Cloud-Techniken können nur genutzt werden, wenn die eine Internetverbindung stets aktiv ist.

- **Internetzugang muss schnell sein**: Um die Cloud-Systeme optimal nutzen zu können ist ein schneller Internetzugang Pflicht. Ansonsten können bestimmte Arbeitsprozesse sehr langsam oder gar nicht erledig werden.

- **Wahrgenommene Performance**: Ehemalig lokal genutzte Arbeitsprozesse können bei Anwendern in einer neuen Cloud-Umgebung als langsam wahrgenommen werden. Da die Informationsübertragung in der Cloud im Vergleich zu lokalen Systemen langsamer sein kann, weil die Informationen über das Netzwerk zwischen Cloud und Arbeitsplatz erst übertragen werden müssen.

## 4.3. Fazit

Grundsätzlich kann gesagt werden, dass Cloud-Computing für Unternehmen und auch privat Personen viele Anwendungsfelder mit einer Reihe von Vor- und Nachteilen bietet. Laut einer Studie von Bitkom im Jahr 2015 nutzten 7 von 10 Unternehmen Cloud Techniken.[13] Aber die Frage, für wen sich wann und wo eine Cloud Lösung lohnt, kann nicht einfach beantwortet werden. Auch die Frage, welcher Cloud-Dienst-Anbieter für einen geeignet ist, muss für jeden Einzelfall überprüft werden. Hinzukommen die komplexen Anforderungen an ein Cloud-System, was die Suche nach einer optimalen Lösung erschwert. Obwohl die meisten es nicht wahrnehmen sind wir umgeben von Cloud-Systemen und auch fast jeder hat sie im Einsatz. So gut wie jeder nutzt z.B. den Service von E-Mail Providern, als Beispiel kann das Angebot von GoogleMail, Yahoo

---

[13] Vgl. Bitkom, 7 von 10 Unternehmen setzen auf Cloud-Technologien, Ausgabe 2015, URL: https://www.bitkom.org/Presse/Presseinformation/7-von-10-IT-Unternehmen-setzen-auf-Cloud-Technologien.html

oder auch GMX genannt werden. Über verschiedene Endgeräte wie z.B. Notebooks, Tablets oder Smartphones können wir diese Dienste über einen Browser nutzen.

Abschließend muss gesagt sein, dass es keine Möglichkeit gibt um auf Anhieb zu bewerten für wen sich ein Cloud-System lohnt oder nicht. Viele Faktoren spielen an dieser Stelle eine große Rolle. Jede Organisation hat individuelle Standpunkte, die beachtet und anhand einer Kosten- und Nutzenrechnung berücksichtigt werden müssen. Die Entscheidung ob ein Cloud-System eingesetzt werden soll, muss gut bedacht sein und sollte deswegen unter der Betrachtung von Experten erfolgen. Nachdem ein Experte, die Vor- und Nachteile eines Cloud-Dienstes im individuellen Einsatz gegenübergestellt hat, kann eine Entscheidung getroffen werden.

Wenn ein Cloud-System an der richtigen Stelle eingesetzt wird können Kosten eingespart werden. Zu einer Zeit wo es keine Cloud-Dienste gab mussten Kleinunternehmer oder Startups benötigte Komponenten wie Server oder Speicher selbst kaufen. Diese Komponenten mussten dann stets gewartet und gepflegt werden. Dazu mussten unteranderem Vorkehrungen getroffen werden um das Überhitzen von Netzwerkkomponenten zu vermeiden. Hierzu wurden unteranderem verschiedene Kühlsysteme genutzt und all diese Prozesse haben natürlich immense Kosten verursacht.

Diese und viele weitere Kosten bleiben aber diesen Unternehmern durch Cloud Techniken erspart, da die gesamten Kosten in der Cloud auf alle Endbenutzer aufgeteilt werden kann.

# 5. Quellenverzeichnis

Bücher:

Herausgeber:     Kärgel, Nähring, Steil, Zielenski
Titel:           IaaS mit OpenStack: Cloud Computing in der Praxis
Erscheinungsjahr: 2014
Herausgeber:     Voigt, Terplan
Titel:           Cloud Computing
Erscheinungsjahr: 2011

E-Books:

Herausgeber:     Bitkom
Titel:           Cloud Computing – Evolution in der Technik, Revolution
im Business
Erscheinungsjahr: 2009,
Herausgeber:     Bundesministerium für Wirtschaft und Technologie
Titel:            Cloud-Computing – Leidfaden für mittelständige
                 Unternehmen
Erscheinungsjahr: 2011

Internetquellen:

Herausgeber:     Bitkom
Titel:           7 von 10 Unternehmen setzen auf Cloud-Technologien
Erscheinungsjahr: 2015
URL:             https://www.bitkom.org/Presse/Presseinformation/7-von-
                 10-IT-Unternehmen-setzen-auf-Cloud-Technologien.html

# BEI GRIN MACHT SICH IHR
# WISSEN BEZAHLT

- Wir veröffentlichen Ihre Hausarbeit,
  Bachelor- und Masterarbeit

- Ihr eigenes eBook und Buch -
  weltweit in allen wichtigen Shops

- Verdienen Sie an jedem Verkauf

Jetzt bei www.GRIN.com hochladen
und kostenlos publizieren